Soziale Reform.

Soziale Reform.

Von

H. A. Bueck,
Geschäftsführer des Centralverbandes deutscher Industrieller.

Berlin 1903.
J. Guttentag, Verlagsbuchhandlung,
G. m. b. H.

I.

Die „Soziale Praxis, Zentralblatt für Sozialpolitik", brachte in ihren Nummern 1 und 2 vom 1. und 8. Oktober dieses Jahres einen Vortrag des Staatsministers Dr. Freiherrn v. **Berlepsch**. Er hat ihn am 18. September d. J. in einer Versammlung der Ortsgruppe Hamburg der „Gesellschaft für soziale Reform" gehalten über das Thema „Warum betreiben wir die soziale Reform?"

Die Ausführungen des Herrn v. Berlepsch haben mich insoweit ungemein sympathisch berührt, als aus ihnen das wärmste Empfinden für die unbefriedigende Lage der Lohnarbeiter, der glühende Wunsch ihnen zu helfen, und die tiefe, innerste Überzeugung von der Richtigkeit der von ihm vertretenen Sache spricht. Zudem ist die Absicht nicht zu verkennen, die betreffenden Verhältnisse objektiv darzustellen und zu beurteilen. Diese Absicht hat der Redner nicht durchzuführen vermocht; sie ist teilweise gescheitert an einseitigen Anschauungen und Auffassungen, von denen Herr v. Berlepsch sich bei seinen sozialpolitischen Bestrebungen leiten läßt. Daher sehe ich mich veranlaßt, einige Bemerkungen zu dem erwähnten Vortrage zu machen.

Herr v. Berlepsch ist Vorsitzender der „Gesellschaft für soziale Reform". Er bezeichnet als Zweck der von ihm und dieser Gesellschaft betriebenen „sozialen Reform" die Hebung der materiellen und ideellen Lage der Lohnarbeiter. Dieser Zweck würde gegenstandslos sein, wenn die materielle und ideelle Lage der Lohnarbeiter befriedigend wäre. Herr v. Berlepsch sucht daher nachzuweisen, daß, abgesehen vielleicht von einzelnen Klassen gut bezahlter gelernter Arbeiter im Kohlenbergbau und im Hütten- und Walzwerkbetriebe, die Jahreseinnahmen der Lohnarbeiter zu einer befriedigenden Lebenshaltung nicht ausreichen. Als besonders ungünstig gestellt bezeichnet der Vortragende die Lage der ungelernten und der Hausarbeiter und unter diesen wieder die der in der Berliner Konfektion beschäftigten Personen.

Seine eingehenden, mit Zahlen vielfach belegten Untersuchungen führten Herrn v. Berlepsch zu dem Schluß, „daß ein großer Teil der Lohnarbeiterschaft in unzureichenden materiellen Verhältnissen, ein nicht unerheblicher Teil in Not und Elend lebt, im vollsten Sinne des Wortes, in der täglichen Sorge um die Beschaffung des Unentbehrlichen an Nahrung, Kleidung, Wohnung für sich und die Seinen. Und wie immer folge auch hier dem materiellen Elend das moralische."

Eine besondere Betrachtung widmete der Vortragende den jugendlichen Arbeitern und deren Müttern, also den Arbeiterfrauen. Er stellte, auf die Kriminalstatistik verweisend, die Zunahme der von jugendlichen Personen begangenen Verbrechen, besonders in bezug auf Diebstahl, Unterschlagung und Körperverletzung und damit die zunehmende Verrohung der Jugend fest. Die Ursache glaubte Herr v. Berlepsch in der Überweisung der Kinder mit dem vollendeten 14. Lebensjahre an die Fabrik und den damit verbundenen Umständen zu erblicken. Dazu gehöre die mangelnde Beaufsichtigung und Erziehung der Kinder, weil die Eltern während des Tages von der Arbeit in Anspruch genommen würden, und weil Übermüdung wie schlechte Wohnung ihnen auch am Abend erzieherische Beeinflussung der Kinder unmöglich machen. Ferner werde das von den jugendlichen Personen verdiente Geld teilweise oder ganz zu Genüssen verwendet, die zur körperlichen und sittlichen Verderbnis führten. Daher seien die jugendlichen Personen moralisch nicht verantwortlich zu machen, wenn sie dem Verbrechertum anheimfallen; die Sünde dieser Kinder laste vielmehr auf der Gesellschaft. Die Versuche, diesen Mißständen entgegenzutreten, seien im Deutschen Reiche durchaus unzureichend.

Unzureichend seien aber auch die gegen die Ausnutzung der Arbeitskraft der jugendlichen Personen erlassenen gesetzlichen Bestimmungen. Herr v. Berlepsch macht in dieser Beziehung zwar keine bestimmten Vorschläge, seine Ausführungen lassen aber deutlich erkennen, daß er die Altersgrenze für jugendliche Arbeiter bis zum 18. Lebensjahre hinaufrücken und die für sie festgesetzte zehnstündige Arbeitszeit verkürzen möchte.

Das Leben der in der Fabrik und für Lohn überhaupt arbeitenden Frau schildert Herr v. Berlepsch in sehr düsteren Farben. Seine eingehenden Betrachtungen über die Tätigkeit dieser Frau in der Fabrik und im Haushalt führen ihn zu folgendem Schlusse: „Von früh 5 bis abends 10, 17 Stunden also, lebt die arbeitende Frau in angestrengtester Tätigkeit ohne einige Zeit der Ruhe mit Ausnahme der beiden Viertelstunden, mit denen die Vor- und Nachmittagsarbeit in der Fabrik zur Einnahme des Frühstücks und des Vespers unterbrochen wird, während der die Sorge um den Haushalt, um Mann und Kind, sie nicht erreichen und in Anspruch nehmen kann.“ In höchst eindringlicher Weise zeigte der Redner, wie diese Inanspruchnahme der Frau durch die Arbeit in der Fabrik und im Hause sie gänzlich verhindere, ihre höheren Pflichten als Gattin und Mutter zu erfüllen. Er schloß diesen Teil seines Vortrages mit folgenden Worten: „Ein Wunder ist es, daß die Verrohung der Kinder und jugendlichen Arbeiter nicht noch vielmehr fortgeschritten ist, als das tatsächlich der Fall ist, und wieder müssen wir bekennen, sie ist nicht den armen geplagten Müttern zur Last zu legen, sondern der Vorwurf trifft unsere gesellschaftlichen Zustände, trifft uns, die wir nicht mit aller Kraft solchen Zuständen entgegenzuwirken suchen.“

Wenn Herr v. Berlepsch „uns“ und „wir“ sagt, so meint er, nach dem vorliegenden Zusammenhange, unzweifelhaft das, was im wirtschaftlichen und sozial-politischen Sinne gewöhnlich unter Gesellschaft verstanden wird. In ähnlicher Weise möchte ich, wenn ich hier in meiner Person spreche, es so angesehen wissen, als wenn ich die Ansichten des allergrößten Teiles der deutschen Industriellen zum Ausdruck bringe. Diese sind aber sicher nicht so bereitwillig, wie Herr v. Berlepsch es zu sein scheint, die Verantwortung für die von ihm so ungemein unbefriedigend und traurig geschilderten Verhältnisse zu übernehmen. Sie haben dazu auch durchaus keine Veranlassung.

Ich stimme der Behauptung des Herrn v. Berlepsch unbedingt zu, daß die Lage vieler Lohnarbeiter insofern unbefriedigend ist, als sie in Sorge um die Befriedigung des

Notwendigen leben und daß die Befriedigung, soweit sie auch ohne besondere Sorge beschafft wird, hinsichtlich Ernährung, Wohnung und berechtigten Lebensgenuß vielfach ungenügend ist. Die Industriellen bedauern diesen Zustand nicht weniger, als Herr v. Berlepsch, und ich möchte glauben, daß ihr Mitgefühl mit den Notleidenden dem seinen nicht nachsteht. Ich möchte aber behaupten, daß Not und Elend unter den Lohnarbeitern bei weitem nicht so verbreitet sind, wie Herr v. Berlepsch es annimmt. Die von ihm angeführten niedrigen Löhne gelernter und durchschnittlicher Tagarbeiter werden in der Mehrzahl der Fälle doch nur in Gegenden und Orten gezahlt, in denen die Lebenshaltung der Arbeiter mit geringeren Mitteln bestritten werden kann. Ein Arbeiter mit 500—800 Mk. Jahresarbeitsverdienst in einem kleineren Orte der östlichen Provinzen wird vielleicht besser leben können, als sein Genosse in Essen oder Köln mit einem Einkommen von 12—1400 Mk. Die Höhe des Arbeitsverdienstes allein ist daher nicht ausreichend für die Beurteilung der Lage der betreffenden Arbeiter.

Diese Bemerkungen sind freilich nicht zutreffend bezüglich solcher teueren und großen Industriemittelpunkte oder Orte, in denen die Löhne durch den Zusammenstrom der Arbeiter und das sich hieraus ergebende Überangebot von Arbeitskräften stark gedrückt werden. In diesen Fällen wird man die Arbeiter selbst von Verschulden nicht freisprechen können. In der von Herrn v. Berlepsch besonders hervorgehobenen Berliner Konfektion drückt der Andrang weiblicher Personen die Löhne auf den erschreckenden Tiefstand. Hier also ein selbstmörderischer Andrang von Arbeitskräften, während auf anderen Beschäftigungsgebieten für weibliche Personen empfindlicher Mangel herrscht. Die Dienstboten-Not und -Plage in den Großstädten würde bei genügendem Angebot von Arbeitskräften sicher nicht so groß sein. Wer sich bemühen will in den Familien umzufragen, der kann täglich Klagen über den empfindlichen Mangel an geübten und leistungsfähigen Schneiderinnen und Büglerinnen hören. Die vorhandenen werden sehr hoch bezahlt. Der Mangel an Dienstboten auf dem Lande, an männlichen wie weiblichen, ist seit langem zur Kalamität geworden. Dennoch häufen sich die Arbeitskräfte in den Großstädten. Besonders die weiblichen Personen drängen zur Konfektion, weil die gänzliche Ungebundenheit bei der Heimarbeit nicht nur der Fabrikarbeit mit ihren regelmäßigen Arbeitsstunden, sondern jeder andern Art der Arbeit vorgezogen wird. Diese völlige Ungebundenheit wiegt in den Augen überaus zahlreicher Arbeiterinnen alle Nachteile ihrer so sehr bemitleideten Stellung als schlecht bezahlte Heim- und Konfektionsarbeiterin auf. Solche Zustände sind durch soziale Reformen nicht zu heilen, man müßte denn zu den Zwangsformen vergangener Jahrhunderte zurückkehren, oder den Arbeitgeber durch Gesetz zwingen, für eine Arbeit zwei Mark zu zahlen, die für eine Mark auszuführen sich Hunderte drängen.

Bei diesen Verhältnissen spielt unzweifelhaft die Genußsucht eine verhängnisvolle Rolle. Der Andrang nach den großen Städten würde im anderen Falle nicht so erheblich sein. Auch möchte ich, im Zusammenhange hiermit, darauf hinweisen, daß der Lebensgenuß den Lohnarbeitern doch wohl nicht versagt ist. Wer in den Arbeiterblättern und den in den Industriebezirken erscheinenden Zeitungen sieht, wie wöchentlich Seite um Seite gefüllt ist mit Anzeigen über die verschiedensten Vergnügungen, die an den Sonn- und Fest- und Kirchmeßtagen speziell für die Arbeiter veranstaltet werden, der wird nicht sagen können, daß es ihnen an Lebensgenuß fehlt. Aber Zweifel darüber wird man hegen können, ob dies die richtige Art des Lebensgenusses sei.

Bezüglich der jugendlichen Personen und der Frauenarbeit vermag ich mich der Auffassung des Herrn v. Berlepsch auch nicht in allen Punkten anzuschließen. Zunächst meine ich, daß die Kriminalstatistik ihn zu anderen Schlüssen führen sollte. Die Beschäftigung jugendlicher Personen ist durch gesetzliche Bestimmungen in der Richtung sozialer Reformen wesentlich eingeschränkt und erschwert worden. Dadurch sind ganze Klassen großer Industrien gezwungen worden, die jugendlichen Arbeiter teilweise oder ganz von ihren Betrieben auszuschließen. Es werden im Verhältnis gegen früher weniger jugendliche Arbeitskräfte in den Industrien verwendet. Früher würden diese jugendlichen Personen nicht besser, eher noch schlechter erzogen worden sein; denn die Arbeitszeit der Frauen ist erst in neuerer Zeit durch den gänzlichen Ausschluß aus gewissen Betrieben, durch die Aufhebung der Nachtarbeit und die Einführung des 11stündigen Arbeitstages eingeschränkt worden. Daher müßte man m. E. schließen, daß die von der Kriminalstatistik erwiesene Zunahme der Verbrechen in dieser Klasse von Personen eine Folge der geringeren Beschäftigung dieser in den Fabriken sei. Ich glaube, daß dies tatsächlich der Fall ist.

Von den Arbeitgebern ist vielfach mit eingehender Begründung nachgewiesen worden, daß die den sozialen Reformbestrebungen entsprechenden, die Beschäftigung der jugendlichen Personen einschränkenden Bestimmungen über das

Ziel hinausgegangen sind. Die Arbeitgeber haben sich damit abgefunden, aber nicht die Eltern. Sie klagen, daß ihre Kinder durch jene Bestimmungen entweder dem Müßiggang oder der Verlotterung auf der Straße preisgegeben oder in andere überfüllte und weniger lohnende Erwerbszweige gedrängt werden. Diese Übelstände würden wesentlich verschärft werden durch die Hinaufrückung der Altersgrenze für jugendliche Arbeiter auf das 18. Lebensjahr und durch eine weitere Verkürzung der täglichen Arbeitszeit. Auf die Schädigung der Industrie durch die Minderung des Nachwuchses an tüchtigen Arbeitern will ich hier nur hinweisen.

Herrn v. Berlepsch gebe ich vollkommen recht, wenn er auf den ungehörigen Gebrauch hinweist, den die jugendlichen Arbeiter von dem verdienten Lohne zum Nachteil ihres körperlichen und sittlichen Gedeihens machen. Das war früher anders. Früher war es die Regel, daß der jugendliche Arbeiter seinen Verdienst unverkürzt den Eltern gab, von denen er Wohnung, Nahrung und Kleidung, wie in den Kinderjahren, erhielt. Heute ist die frühere Regel seltene Ausnahme geworden. In diesem traurigen Verhältnis erblicke ich den Einfluß der Sozialdemokratie, zu deren Hauptaufgabe es gehört, jede Autorität, auch die elterliche, zu untergraben und ihre Anhänger, zu denen die Jugendlichen bekanntlich in erster Reihe gehören, zur Unbotmäßigkeit zu erziehen.

In der Arbeiterfamilie machen sich drei Zeitabschnitte geltend. Die erste, kinderlose Zeit ist die sorgenfreie, glückliche, aber gewöhnlich kurze Periode. Der zweite Abschnitt, in dem die Kinder groß zu ziehen sind, ist die Periode der schwersten Not und Sorge, nicht selten auch des Elends.

Während dieser Zeit müssen die Eltern ihre ganze Kraft einsetzen, um, häufig unter mannigfachen Entbehrungen, auch nur die nötigsten Bedürfnisse zu befriedigen. Mit dem ersten Kinde, das zur Arbeit in die Fabrik geschickt werden konnte, trat die Erleichterung ein und wenn erst zwei oder drei Kinder mitverdienten, dann begann der Himmel auch der Arbeiterfamilie sich zu klären. Die Sorge saß nicht mehr zu Tische, die Frau konnte die Arbeit in der Fabrik aufgeben, auch konnte wohl ein Spargroschen beiseite gelegt werden. Durch die Einschränkung der Kinderarbeit ist dieser wohltuende Faktor in dem Leben der Arbeiterfamilie, ich gebe zu, aus berechtigten ethischen Gründen, teilweise gänzlich entfernt, teilweise stark eingeengt worden. Ob man in manchen Beziehungen hierbei nicht zu weit gegangen ist, soll hier nicht erörtert werden. In jedem Falle sollte im Interesse der Lebenshaltung der Arbeiterfamilien in der gesetzlichen Beschränkung nicht weiter gegangen werden.

Auch in dem Bedauern darüber stimme ich Herrn v. Berlepsch vollkommen bei, daß die Arbeiterfrau durch die Arbeit in der Fabrik den häuslichen Pflichten entzogen wird. So schlimm sind die Zustände aber nicht, wie der Vortragende sie schilderte. In den meisten Fällen gehört zur Familie noch eine dritte Person, die den Haushalt besorgt und auf die Kinder achtet, während die Frau ihrem Verdienste nachgeht. Seiner Zeit wurde es als eine besonders günstige Wirkung der Alters- und Invalidenversicherung angesehen, daß die im Sinne des Gesetzes nicht mehr erwerbsfähigen, mit einer, wenn auch nur kleinen Rente ausgestatteten Personen, willig von ihnen nahestehenden Familien aufgenommen werden und sich im Haushalt und bei der Versorgung der

Kinder nützlich machen würden. Dieser Vorgang hat sich vielfach vollzogen und die ungünstigen Folgen der Frauenarbeit weniger fühlbar gemacht.

Mit Herrn v. Berlepsch würde ich es als einen idealen Zustand betrachten, wenn die Frau jede Arbeit außer dem Hause meiden könnte. Leider stellen sich der Erreichung von Idealen nur zu oft in den tatsächlichen Verhältnissen unübersteigbare Schranken entgegen. So auch hier. Der Mitverdienst der Frau ist eben zur Erhaltung zahlreicher Arbeiterfamilien noch unentbehrlich. Das kann durch keine sozialen Reformen im Sinne des Herrn v. Berlepsch, sondern nur durch die stetig fortschreitende Entwickelung der maßgebenden Verhältnisse allmählich geändert werden.

Der gegenwärtige wirtschaftliche und soziale Zustand ist das Ergebnis einer tausendjährigen Entwickelung. Hinsichtlich der Verbreitung und vernichtenden Wirkung von Not und Elend in der Menschheit stellt sich jene Entwickelung dar als ein fortlaufender, wenn auch häufig unterbrochener Prozeß der Besserung. Sehr langsam und nur in großen Zeitabschnitten hat sich im Verlaufe der früheren Jahrhunderte die Lage der unteren, arbeitenden Klassen gebessert; dazu im Gegensatz verhältnismäßig sehr schnell in der zweiten Hälfte des vergangenen, des 19. Jahrhunderts. Das wird auch von Herrn v. Berlepsch zugegeben. Er weiß, wie er sagte, daß die Lage der gewerblichen Lohnarbeiter im Laufe der letzten Jahrzehnte im ganzen besser, für einzelne Kategorien von Arbeitern erheblich besser geworden ist, und daß an dem allgemeinen Wachsen des Wohlstandes auch die Arbeiterklasse in bescheidener Weise teilgenommen hat.

Diese Besserung ist bewirkt teilweise durch die Fortschritte auf den Gebieten allgemeiner Kultur in Staat und Gemeinde, hauptsächlich beruht sie jedoch auf dem Umstande, daß der Anteil des Arbeiters an dem Ergebnis des Zusammenwirkens von Intelligenz, Kapital und Arbeit stetig größer geworden ist, das heißt, die Löhne sind fortschreitend gestiegen. Diesen Prozeß haben auch die wirtschaftlichen Krisen nicht aufzuhalten vermocht. Sie haben wohl vorübergehend einen Rückgang der Löhne verursacht, der aber den Tiefstand vor der Krisis niemals erreichte. Der nächste Aufschwung brachte stets den Ausgleich und die Fortsetzung der steigenden Lohnbewegung.

Auch auf anderen, die Lage der Arbeiter kennzeichnenden Gebieten vollzog sich die Besserung im Wege der natürlichen Entwickelung. Dem stürmischen Drängen nach einem Normalarbeitstage für erwachsene männliche Arbeiter hat die Gesetzgebung noch nicht nachgegeben. Dennoch hat sich im Laufe weniger Jahrzehnte eine sehr wesentliche allgemeine Verkürzung der Arbeitszeit vollzogen; sie ist von vielfach 16—17 Stunden auf 11—9 Stunden zurückgegangen.

Auf die umfassenden, von den Arbeitgebern freiwillig geschaffenen Wohlfahrtseinrichtungen will ich hier nur hinweisen. Sie sind oft genug von Männern anerkannt und gerühmt worden, die der Industrie sonst wenig freundlich gegenüberstehen. Bei allen Neuanlagen und Umbauten wird ein Hauptaugenmerk auf die Herstellung heller, luftiger, gesunder Arbeitsräume gerichtet; so weit tunlich, wird auch für gute Arbeiterwohnungen gesorgt. Auch auf diesen Gebieten haben sich Besserungen in der Lage der Arbeiter vollzogen, die nicht unerwähnt bleiben dürfen.

Nach diesen Darlegungen ist wohl nicht zu bestreiten, daß die sozialen Zustände, wie gesagt, das Ergebnis tausendjähriger Entwickelung, sich auch soweit die Lohnarbeiter in Betracht kommen, wesentlich gebessert haben. Not und Elend gänzlich von der Menschheit fern zu halten, wird schwerlich jemals gelingen; unzweifelhaft aber wird die weitere Entwickelung auch weitere Besserung bringen. Diese Entwickelung darf nur nicht aufgehalten und erschwert oder gar gestört werden. In dieser Beziehung werde ich in dem folgenden Artikel einige Bemerkungen zu machen haben.

An der stattgehabten Besserung der Lage der Lohnarbeiter hat die Gesellschaft, hat insbesondere die Industrie zu ihrem Teile beigetragen. Daß es noch nicht gelungen ist, deren Lage in jeder Beziehung befriedigend zu gestalten, dafür verantwortlich zu sein und dadurch sich in ihrem Gewissen beschwert zu fühlen, müssen die deutschen Industriellen ablehnen.

II.

Dem zweiten Teile seines Vortrages stellte Herr v. Berlepsch als Tatsache voran, daß die Lage eines großen Teiles der Lohnarbeiter Mitleid hervorrufe. Mitleid bewege die nicht zum Proletariat gehörenden Volkskreise, insbesondere das gebildete Bürgertum, sich mit der sozialen Reform zu beschäftigen. Als hauptsächlich treibende Faktoren in dieser Bewegung bezeichnete der Vortragende das Gerechtigkeitsgefühl und die politische Einsicht. Der Einfluß dieser beiden Motive sei jedoch in bezug auf die zur Besserung der

Lage der arbeitenden Klassen zu ergreifenden Maßnahmen in unserem Vaterlande noch nicht kräftig genug.

Das größte Gewicht legte Herr v. Berlepsch auf den Anspruch der Arbeiter auf Gleichberechtigung. Bedroht und erschüttert werde sie durch das ökonomische Übergewicht der Arbeitgeber, das nur aufgehoben werden könne durch gesetzliche Maßnahmen und durch die Selbsthilfe der Arbeiter in der Koalition.

Die Erkenntnis, daß die Gleichberechtigung den Arbeitern nicht auf allen Lebensgebieten zuteil werde, verletze das Gerechtigkeitsgefühl. Die politische Einsicht aber sage sich, daß nichts so sehr die Erbitterung hervorrufe, als das Gefühl, ungerecht behandelt zu werden. Solche ungerechte Behandlung trete besonders hervor auf den Gebieten des Koalitions- und Vereinsrechts.

Herr v. Berlepsch bezeichnete dann die verschiedenen Wege, auf denen sich in Deutschland die soziale Reform bewege. Die Arbeiterversicherung habe keine grundsätzlichen Gegner mehr, sie gehe ihren Weg. Er erkenne an, daß die Unternehmer die erhebliche Belastung „im großen und ganzen“ willig auf sich genommen hätten.

Die Gewerbegerichte in ihrer Tätigkeit als Einigungsamt finden in Herrn v. Berlepsch einen ungemein optimistischen Beurteiler. Ihre Gegner seien zu wenig zahlreich, um eine Gefahr für sie zu bilden.

Nicht so günstig stehe es mit dem Arbeiterschutz. Zwar werde nicht mehr daran gedacht, an dem grundsätzlichen Standpunkte unseres Staatsrechtes zu rütteln, nach welchem der Arbeitsvertrag und die Festsetzung der Arbeitsbedingungen in sehr wesentlichen Teilen dem Privatrecht entzogen sei; jeder Versuch, die Grenzen des Arbeiterschutzes weiter auszudehnen, stoße jedoch auf starken Widerstand.

Am lebhaftesten aber werde das Vereins- und Koalitionsrecht der Arbeiter bekämpft. Hierbei glaubt Herr v. Berlepsch feststellen zu können, daß in vielen Teilen Deutschlands die staatlichen Gewalten in Rechtsprechung und Verwaltung den Bestrebungen derer zu Hilfe kommen, die das Vereins- und Koalitionsrecht der Arbeiter einschränken wollen. Hier anknüpfend, stellte der Vortragende die Frage, wie es zu erklären sei, daß die Arbeiterversicherung willig übernommen sei, der Arbeiterschutz geduldet werde, die gewerkschaftliche Vereinigung aber und das Koalitionsrecht bekämpft würden. Diese Frage beantwortet Herr v. Berlepsch, nach meiner Auffassung durchaus zutreffend, dahin, daß die Arbeiterversicherung zwar den Betrieb belaste, aber die freie Disposition des Unternehmers und die Gestaltung der Bedingungen des Arbeitsvertrages nicht beeinflusse. Der Arbeiterschutz übe zwar einen beschränkenden Einfluß in den angegebenen Beziehungen aus, dies jedoch nur in festgelegten Grenzen. Die Koalition und die Gewerkschaft sei aber in der Lage, die freie Disposition des Unternehmers aufzuheben, sie wenigstens einzuschränken. Die Festsetzung der Grenzen dieser Beschränkung werde zu einer Machtfrage in dem Ringen zwischen Unternehmer und Arbeiterkoalition.

Dieser Widerstand beruhe nicht nur auf selbstsüchtigen Beweggründen. Die absolute Herrschaft des Unternehmers über die Gestaltung des Unternehmens in allen Richtungen und Beziehungen sei das wesentliche Moment der gegenwärtig noch geltenden kapitalistischen Wirtschaftsordnung. Diese habe wesentlich zu dem gewaltigen Aufschwunge der deutschen Industrie beigetragen. Sie habe aus dem armen Deutschland ein reiches gemacht.

Es sei begreiflich, daß die Unternehmer dieses System festhalten wollen, das von ihnen zu dem sogenannten patriarchalischen System ausgebildet worden sei.

Nach diesem Systeme gestalte der Unternehmer die Arbeitsbedingungen zwar so günstig, wie die Lage des Unternehmens es nur irgend gestatte, er behalte sich aber das ausschließliche Recht der Feststellung dieser Bedingungen vor.

Die Frage, ob dieses System nach Lage der Entwickelung der sozialen Verhältnisse in Deutschland aufrecht erhalten werden könne, beantwortet Herr v. Berlepsch mit einem entschiedenen „nein". Die Begründung dieses „nein" ist so charakteristisch, daß ich sie wörtlich wiedergebe. Der Vortragende sagte: „Das Patriarchentum setzt freiwillige Unterwerfung des Gehorchenden unter den Willen des Gebietenden voraus; sobald das Moment des freiwilligen Gehorchens, mag es nun auf Überlieferung oder auf Überzeugung beruhen, fehlt, wird das System unmöglich, sobald an die Stelle der Freiwilligkeit die Nötigung, der Zwang tritt, wird aus dem Patriarchentum der Despotismus."

Das Koalitionsrecht habe dem Arbeiter die Mittel gegeben, sich gegen die auf ökonomischem Übergewicht beruhende Herrschaft des Unternehmers zu wehren. In dem Staate des gleichen Wahlrechts, der Schul- und Militärpflicht, wolle der Arbeiter nicht mehr der Geleitete, der Gehorchende sein, er nehme vielmehr hinsichtlich der Gestaltung der Arbeitsbedingungen die Gleichberechtigung in Anspruch, von welcher der Kaiserliche Erlaß vom 1. Februar 1890 rede.

Soweit der Herr Vortragende. Zur Begründung seines dem Fortbestande des von ihm sogenannten patriarchalischen Systemes entgegengesetzten unbedingten „nein“ sagt Herr v. Berlepsch: „Das Patriarchentum setzt freiwillige Unterwerfung des Gehorchenden unter den Willen des Gebietenden voraus ...“ Ich möchte fragen: Ist denn diese freiwillige Unterwerfung eine Besonderheit des Verhältnisses zwischen Unternehmer und Arbeiter? Sicher nicht. Es ist die unbedingte Voraussetzung in allen Fällen, in denen Dienste angeboten und vertragsmäßig gegen Entgelt geleistet werden. In dieser Beziehung besteht absolut kein Unterschied, ob der sich zur Leistung von Diensten Verpflichtende ein Arbeiter, der Direktor einer Aktiengesellschaft oder ein Beamter ist. In den Grenzen seiner vertragsmäßigen Verpflichtung, nur von dieser kann überhaupt die Rede sein, hat er zu gehorchen, d. h. zu tun, wozu er sich verpflichtet hat und zwar, immer in denselben Grenzen, nach dem Willen dessen, der den Vertrag mit ihm geschlossen und, wieder in denselben Grenzen, über ihn zu gebieten hat.

Herr v. Berlepsch sagt weiter: „Sobald das Moment des freiwilligen Gehorchens, mag es nun auf Überlieferung oder auf Überzeugung beruhen, fehlt, wird das System unmöglich ...“ Um diese Sätze genügend zu würdigen, muß fest im Auge behalten werden, daß es sich hier um ein Vertragsverhältnis handelt, auch beim sogenannten patriarchalischen System. Von diesem Gesichtspunkt ausgehend hat das „freiwillige Gehorchen“ absolut nichts mit Überlieferung oder Uberzeugung zu tun. Derjenige, auch der Arbeiter, der seine Dienste verdungen hat, gehorcht eben freiwillig, so lange er es für gut erachtet seinen Vertrag zu halten. Sobald das freiwillige Gehorchen fehlt, wird durchaus nicht das System unmöglich, sondern nur die Fortsetzung des Vertragsverhältnisses. Daher würde ich die Schlußfolgerung anders als Herr v. Berlepsch ziehen. Ich würde sagen: „Sobald das Moment des freiwilligen Gehorchens fehlt, hat das Vertragsverhältnis in irgend einer geeigneten oder ungeeigneten Weise sein Ende erreicht."

Herr v. Berlepsch schließt eben anders und sagt in seinem Sinne weiter: „sobald an Stelle der Freiwilligkeit die Nötigung, der Zwang tritt, wird aus dem Patriarchentum der Despotismus." Auch diesen Schluß kann ich nicht gelten lassen. Seit Aufhebung der Sklaverei, der Hörigkeit und deren milderer Form, der Erbuntertänigkeit hat kein Arbeitgeber das Recht gehabt, im Sinne des Herrn v. Berlepsch Nötigung oder Zwang auf seine Arbeiter auszuüben, wenn das freiwillige Gehorchen aufhörte. In der Gesindeordnung finden sich noch Anhaltspunkte für die Erzwingung des Gehorchens, nach Lage der Verhältnisse sind sie praktisch kaum mehr durchführbar. Der Fabrikarbeiter hat nur seine meistens kurze Kündigungsfrist einzuhalten, um frei zu sein, wenn er freiwillig nicht länger gehorchen will, aber er hat auch das nicht einmal nötig, es ist fast zur Regel geworden, daß er in dem vorausgesetzten Falle straflos seinen Vertrag brechen kann. Von Nötigung, Zwang oder gar Despotismus kann daher, in Verbindung mit dem System, das Herr v. Berlepsch das patriarchalische nennt, das gegenwärtig aber das einzige, von den Arbeitgebern anerkannte ist, durchaus keine Rede sein.

Wenn ich hier den Arbeiter als gänzlich vom Zwange und „der Herrschaft des Unternehmers", wie Herr v. Berlepsch weiter sagte, befreit dargestellt habe, so bedarf das einer Einschränkung: Der Herr Vortragende sprach, im Zusammenhange mit den soeben betrachteten Ausführungen, von der „Ware Arbeit", deren Preis zu bestimmen die Arbeitervereinigung ebensogut das Recht habe, wie es das Unternehmerkartell oder der Trust für sich in Anspruch nehme. Die „Ware Arbeit" unterscheidet sich jedoch wesentlich von der Ware des Kartells, und daher ist auch der gebrauchte Vergleich, auf den ich nicht weiter eingehe, hinfällig. Der hauptsächliche Unterschied besteht darin, daß die Ware des Kartells nach Belieben vom Markte zurückgezogen werden kann, die „Ware Arbeit" aber nicht. Der Arbeiter muß seine „Ware Arbeit" zu jedem, nach Maßgabe von Angebot und Nachfrage gebildeten Preise losschlagen, da er täglich von dem Erlöse leben muß. Selbstverständlich sind diese Anfangsgründe der Volkswirtschaft Herrn v. Berlepsch ebensogut oder besser bekannt als mir, ich verstehe daher nicht, wie er zu jenem Vergleiche hat kommen können.

In der bezeichneten Eigenschaft der „Ware Arbeit" liegt aber der Nachteil für den Arbeiter, die Schwäche seiner Stellung dem Arbeitgeber und Unternehmer gegenüber. Lediglich um hier den notwendigen Ausgleich zu schaffen und zu keinem anderen Zwecke ist den Arbeitern das Koalitionsrecht verliehen und zwar mit voller Zustimmung aller einsichtigen und irgend verständigen Arbeitgeber. Dieses Koalitionsrecht irgend anzutasten oder zu verkürzen, liegt keineswegs in der Absicht der Arbeitgeber, wenigstens nicht derjenigen Arbeitgeber, die ich kenne und mit denen ich zu tun habe. Das ist die übergroße Mehrzahl der deutschen Arbeitgeber und großen Unternehmer. Aber gegen jeden

Mißbrauch des Koalitionsrechts wenden sie sich entschieden mit zäher Ausdauer.

Nach unserer vorläufig noch bestehenden kapitalistischen Wirtschaftsordnung, die Herr v. Berlepsch freilich nicht mehr für zeitgemäß anzusehen scheint, betrachten die deutschen Arbeitgeber „die freie Disposition des Unternehmers", „die absolute Herrschaft des Unternehmers über die Gestaltung des Unternehmens nach allen Richtungen und Beziehungen hin", als ihr unveräußerliches Recht; denn sie sind überzeugt, daß mit der Beseitigung dieses Rechtes der Bestand der deutschen Industrie sein Ende erreichen würde.

Herr v. Berlepsch ist anderer Ansicht. In dem Streben, dieses Recht zu schützen und aufrecht zu erhalten, erblickt er eine Verletzung der Gleichberechtigung des Arbeiters. Herr v. Berlepsch spricht einmal von der gesetzlichen, ein andermal von der wirtschaftlichen Gleichberechtigung. Mit ihm sage ich, „in dem Lande des gleichen Wahlrechts, der Schul- und Militärpflicht" wird es keinem irgend einsichtigen Manne, auch nicht dem deutschen Arbeitgeber, einfallen, die gesetzliche Gleichberechtigung des Arbeiters anzugreifen oder auch nur in Frage zu stellen.

Mit der wirtschaftlichen Gleichberechtigung ist es anders. Sie würde freilich die Mitbestimmung des Arbeiters „über die Gestaltung des Unternehmens nach allen Richtungen und Beziehungen" bedeuten. Darauf sind auch ganz ausdrücklich die Bestrebungen der Arbeiterkoalitionen gerichtet. Der Abgeordnete Legien, der Vorsitzende des Verbandes der deutschen Gewerkvereine, sagte bei der Budgetdebatte des Jahres 1901 im Reichstage, „der Absolutismus der Arbeitgeber muß weichen der konstitutionellen Fabrik, der frühere absolutistische Arbeitgeber muß es sich gefallen lassen, neben sich eine Vertretung der Arbeiter des Betriebes zu haben, die mitbestimmend zu wirken hat. . . In Deutschland . . wird diese konstitutionelle Fabrik kommen, die selbstverständlich, der weiteren Entwickelung folgend, abgelöst werden wird von der demokratischen, oder sagen wir richtiger von der sozialistischen Fabrikation." Mehr zur Kennzeichnung der geforderten wirtschaftlichen Gleichberechtigung zu sagen ist wohl nicht erforderlich. Sie ist ein Phantom, gegen dessen Verwirklichung die deutschen Arbeitgeber den Kampf bis zum Äußersten führen werden. Auf diesem Gebiete liegen „die Machtfragen in dem Ringen zwischen Unternehmer und Arbeiterkoalition", in dem der erstere zuversichtlich Sieger bleiben wird.

In der Absicht, diesen Kampf, was es auch koste, durchzuführen, werden die deutschen Arbeitgeber gestärkt durch den Gang der betreffenden Verhältnisse in England. Daß die Industrie Englands ihre Vorherrschaft auf dem Weltmarkt nicht habe behaupten können, wird, freilich neben anderen Ursachen, hauptsächlich dem schädigenden Einflusse der englischen Trade-Unions zugeschrieben. Herr v. Berlepsch hält das für eine „ungeheure Übertreibung". Er möge es mir verzeihen, wenn ich annehme, daß er über diese Verhältnisse nicht genügend unterrichtet ist. Den störenden und schädigenden Einfluß der Trade-Unions beweisen die vor zwei Jahren erschienenen zwölf, auch ins Deutsche übertragenen „Times"-artikel, mehr noch die Hunderte von zustimmenden und ergänzenden, an die Redaktion der „Times" gerichteten Zuschriften, er wird bewiesen durch die damals erschienenen Artikel des sehr ernsten „Engineering" und vor allem durch die schweren Kämpfe, die mit unglaublich großen Opfern von den englischen Industrien, besonders von den Maschinenbauern und Zechenbesitzern, geführt worden sind, um das Joch der Trade-Unions abzuschütteln.

Der englischen Industrie war eben, als sie den Weltmarkt unbedingt beherrschte, als, wo irgend das Weltmeer die Ufer eines Hafens bespülte, in ihm nur englische Waren gelandet wurden, die mit den weitgehenden Zugeständnissen an die Arbeiter verbundene Erhöhung der Selbstkosten gleichgültig. Das rächt sich in der Gegenwart. Die deutsche Industrie zieht glücklicherweise die geeigneten Lehren aus diesen Vorgängen.

Auf die Stellung, die Herr v. Berlepsch zur Sozialdemokratie einnimmt, muß ich noch eingehen. Der Herr Vortragende konnte nicht umhin zuzugestehen, daß die Sache der sozialen Reform kompliziert und erschwert werde durch die Tatsache, daß die Mitglieder der meisten Arbeitervereinigungen zugleich Sozialdemokraten seien. Die Endziele der Sozialdemokratie beurteilte Herr v. Berlepsch sehr milde. Da er die bestehende Wirtschaftsordnung nicht mehr gelten lassen will, konnte das wohl nicht anders sein. Er hält diese Endziele keineswegs für unmoralisch und meinte, daß sich über sie mit der Sozialdemokratie in aller Ruhe diskutieren ließe. Herr v. Berlepsch stellte die von den Sozialdemokraten erstrebte „Ausschaltung des privaten Unternehmers, die Vergesellschaftung der Produktionsmittel (dazu gehört doch auch wohl das Kapital) die Erzeugung und Verteilung aller Bedarfsgegenstände ausschließlich durch die Organe des gemeinen Wesens“ auf eine Linie mit der schon jetzt vielfach vollzogenen Ausschaltung der privaten Unternehmung auf den Gebieten des Verkehrswesens, der Licht- und Wasserversorgung. Herr v. Berlepsch übersieht dabei, daß es sich dort um die Vergewaltigung aller privaten Interessen zum angeblichen Wohle einer einzigen Klasse handelt, während bei den letztbezeichneten Unternehmungen die Rücksicht auf das Gesamtinteresse ausschlaggebend war. Um zu zeigen, daß man auch über unmögliche Dinge ruhig diskutieren könne, verweist Herr v. Berlepsch sogar auf den Antrag Kanitz. Es entging ihm dabei, daß ernste Männer sich nur aus politischen Rücksichten den Anschein gaben, jenen Antrag ernst zu nehmen.

Die Endziele der Sozialdemokratie sieht Herr v. Berlepsch nicht für gefährlich an, aber wohl die Wege, auf die sie ihre Anhänger verweist. Das ist die absolute Absonderung der Arbeiterschaft von allen anderen Bevölkerungsklassen, von der Gemeinschaft des Vaterlandes, der staatlichen Ordnung, das ist die Erbitterung die sie erzeugt, das ist der Klassenkampf und der Klassenhaß, den sie braucht, das ist das Streben nach der ausschließlichen politischen Herrschaft des Proletariats. In diesen Bestrebungen liege die tiefe Kluft, welche die Lohnarbeiter, soweit sie der sozialdemokratischen Partei angehören, von allen anderen Klassen der Bevölkerung trenne, ohne deren Ausfüllung wir allerdings in ständiger Gefahr leben würden.

Es ist merkwürdig, daß Herr v. Berlepsch die größte von der Sozialdemokratie drohende Gefahr nicht erwähnt. Ich erblicke sie in dem Willen und der Macht, die ruhige, stetige Arbeit des Volkes willkürlich und böswillig zu unterbrechen und zu stören, und dadurch die fortschreitende wirtschaftliche Entwickelung, die notwendigste Grundlage für das

Gedeihen der Menschheit, nachhaltig zu hindern und zu untergraben.

Hiervon abgesehen ist die Sprache, mit der Herr v. Berlepsch die von der Sozialdemokratie drohende Gefahr anerkennt, ernst und eindringlich. Trotzdem glaubt er behaupten zu können, daß Gerichte und Verwaltungsbehörden auf den Gebieten des Koalitions- und Vereinswesens die Arbeiter ungerecht behandeln, mit zweierlei Maß messen und damit die Gleichberechtigung der Arbeiter verletzen. Herr v. Berlepsch beschwert sich darüber, daß eine Begründung für dieses Verfahren niemals gegeben worden sei, er will aber annehmen, „daß lediglich politische, auf der Sorge um das Wohl des Vaterlandes beruhende Erwägungen zu der verschiedenen Handhabung des Vereinsrechtes geführt haben“. Das wollte der Vortragende aber unter keinen Umständen gelten lassen, da es zu nichts nütze. Er „kenne kein wirksameres Mittel, die Sozialdemokratie zu stärken, als dies Verfahren, es sei denn das der Anwendung polizeilicher gewaltsamer Mittel“.

Ich vermag die Ansicht des Herrn v. Berlepsch nicht zu teilen. Ich nehme nicht an, daß es in Deutschland Richter und Verwaltungsbeamte gibt, die aus irgend welchen Gründen bereit wären, zu ungunsten der Arbeiter und ihrer Vereinigungen das Recht zu beugen. Das gute Recht und die Pflicht jener Wächter des Rechtes ist es aber, durch die äußerste Auslegung und Anwendung der bestehenden Gesetze Mißstände einzuschränken, die den Staat und die Gesellschaft bedrohen und gefährden. Als schwerer Mißstand aber muß der Gebrauch erachtet werden, den die Sozialdemokratie von dem Vereins- und Koalitionsrecht, von der Rede- und Preßfreiheit zum Zwecke ihrer verhetzenden agitatorischen Tätigkeit macht. Täglich wird mit Wort und Schrift das Höchste heruntergezerrt und in den Staub getreten. Mit Lug und Trug wird jede Autorität geschmäht und untergraben. Mit unerbittlicher Rücksichtslosigkeit und allen, auch den verwerflichsten Mitteln wird ein wüster, furchtbarer Terrorismus, doch immer nur von verhältnismäßig wenigen, fast über die gesamte Lohnarbeiterschaft verübt. Wer alles das vorurteilsfrei und aufmerksam verfolgt, der wird nicht sagen können, daß den Arbeitern und ihren Vereinigungen die Freiheit ungerecht und ungebührlich verschränkt wird. Vielmehr ist zu bedauern, daß der Staat, daß die Gesellschaft in weitgehendem Optimismus die Mittel weggegeben, die Waffen stumpf gemacht, oder gar zerbrochen haben, mit denen sie sich — nicht gegen die Arbeiter, das wäre nicht nötig gewesen, sondern gegen die Verderben nach allen Richtungen verbreitenden sozialdemokratischen Hetzer und Agitatoren hätten schützen können.

Herr v. Berlepsch ist entgegengesetzter Ansicht. Die auch von ihm erkannten Gefahren will er mildern und beseitigen durch Anerkennung der utopischen wirtschaftlichen Gleichberechtigung, der Gleichberechtigung „auf allen Lebensgebieten“, durch Erweiterung der Rechte der Arbeitervereinigungen, durch Verschärfung der Schutzgesetze, wie überhaupt durch immer weitergehende soziale Reformen. Das ist unfraglich eine von sehr wohlwollenden und höchst idealen Gesichtspunkten ausgehende Sozialpolitik, der sich unverkennbar eine große Anzahl guter und zu Idealen hinneigenden Menschen zuwenden.

Die aber gezwungen sind in der rauhen Wirklichkeit des

täglichen Lebens zu stehen und zu wirken, im Gegensatz zu jenen, deren Gedanken leicht beieinander wohnen, unablässig wahrzunehmen, wie hart im Raume sich die Sachen stoßen — die werden sich von den Theorien des Herrn v. Berlepsch nicht nur abwenden, sondern ihrer Verwirklichung ernsten, zähen Widerstand entgegensetzen. Sie werden das tun nicht nur im eigenen Interesse, sondern zur Erhaltung und zum Gedeihen des Staates, der Gesellschaft und ihrer Wirtschaft.

In meinem ersten Artikel habe ich ausgeführt, daß die Lage der unteren Klassen sich mit der wirtschaftlichen Entwickelung fortlaufend gebessert hat, und daß diese Besserung besonders schnell und wirkungsvoll in der zweiten Hälfte des vergangenen Jahrhunderts eingetreten ist. Das ist die Zeit, in der in unserem Vaterlande die industrielle Tätigkeit sich ausbreitete, zur hohen Blüte gelangte und die Kapitalbildung früher nicht geahnte, gewaltige Ziffern aufwies. Die hier vorliegende Wechselwirkung ist nicht zu verkennen.

Neben anderen, unwesentlicheren Faktoren ging die Kapitalbildung hauptsächlich aus den Unternehmergewinnen hervor. Das erübrigte Kapital befruchtete wiederum die Industrie, so daß sie in den bestehenden, wie in den neu geschaffenen Betrieben immer leistungsfähiger, *für die Interessen der Gesamtheit* immer ertragreicher wurde. Das ist eben die zur Hebung der unteren Klassen führende Entwickelung. Ertragreicher *für den einzelnen Unternehmer* ist die industrielle Tätigkeit nicht geworden. Im Gegenteil, die Erträge sind im allgemeinen geringer geworden und sie werden weiter gemindert durch den mit Ausbreitung der Industrie und fast grenzenloser Steigerung der Erzeugung stetig verschärften Wettbewerb im Inlande wie auf dem Weltmarkt. Das heißt, der Unterschied zwischen den Selbstkosten und den Verkaufspreisen wird immer geringer.

Dieser unaufhaltsam fortschreitende Prozeß bildet heute den Gegenstand der größten Sorge in allen Industrieländern. Sie gipfelt in der Frage, ob es möglich sein wird, im Wettbewerb mit den anderen jenen Unterschied soweit auf der Gewinnseite aufrecht zu erhalten, daß die Industrien bestehen können. Erscheint der Unterschied erst dauernd auf der Verlustseite, so müssen die Industrien stille stehen und untergehen. Damit würde auch jene Entwickelung aufhören, die so sicher zur Besserung der Lage der arbeitenden Klassen führt.

Um diesen Gang der Ereignisse abzuwenden, ist das energische Streben aller in der Industrie vorhandenen Intelligenz auf die Minderung der Selbstkosten gerichtet. In diesen bilden die Einwirkungen der sozialen Reformen einen nicht unwesentlichen Faktor. Sie bestehen in baren Auflagen verschiedener Art und in Entziehung von Arbeitskräften, teils durch Verkürzung der Arbeitszeit, teils durch direkte Ausschaltung. Von alledem hat die Industrie willig auf sich genommen, was sie im Interesse der Arbeiter für recht und notwendig ansah. Sie hat Einspruch gegen Maßnahmen erhoben, die über diese Kriterien hinausgingen.

Ich möchte den gesetzgebenden Gewalten anheimgeben, recht reiflich und ernst zu prüfen, ob die unbedingte Notwendigkeit vorliegt, bevor sie dem Drängen nach neuen sozialen Reformen im Sinne des Herrn v. Berlepsch nachgibt. Man möge dabei vor allem nicht übersehen, daß jede dieser Reformen unmittelbar und mittelbar eine Erhöhung der Selbstkosten bedingt, durch welche die für die unteren

Klassen so segensreiche Entwickelung aufgehalten wird oder gar gänzlich gestört werden kann.

Die Hebung der unteren Klassen, insbesondere der Lohnarbeiter, läßt sich ebensowenig wie die berufene „Lösung der sozialen Frage" durch Gewaltmittel vom Schlage jener sozialen Reformen erzwingen. Viel weniger durch diese, als dadurch vollzieht sich die Besserung in der Lage der Lohnarbeiter, daß, wie ich schon sagte, der Anteil des Arbeiters an dem Ergebnis des Zusammenwirkens von Intelligenz, Kapital und Arbeit immer größer geworden ist und größer werden wird. In diesem Prozeß liegt die Lösung der sozialen Frage. Er kann und wird sich aber nur vollziehen, wenn die zu seiner Wirksamkeit notwendige wirtschaftliche Entwickelung nicht durch unberechtigte und unnötige Eingriffe aufgehalten oder gestört wird.

Druck von A. W. Hayn's Erben, Berlin und Potsdam.

FSC
www.fsc.org
MIX
Papier | Fördert gute Waldnutzung
FSC® C083411

Kolibri 360 GmbH
Ferdinand-Jühlke-Straße 7
99095 Erfurt, Deutschland
produktsicherheit@kolibri360.de